ANALISI DEL LIBRO

AF131746

Romeo e Giulietta

WILLIAM SHAKESPEARE

ANALISI DEL LIBRO

Scritto da Johanna Biehler
Tradotto da Sara Rossi

Romeo e Giulietta

● ●

WILLIAM SHAKESPEARE

WILLIAM SHAKESPEARE

POETA E DRAMMATURGO INGLESE

- **Nato a Stratford-upon-Avon nel 1564**
- **Morto nel 1616**
- **Opere degne di nota:**
  - *Sogno di una notte di mezza estate* (1592-1595), commedia
  - *Riccardo III* (1592-1595), opera storica
  - *Amleto* (1595-1600), tragedia

Poeta e drammaturgo, figura di spicco della letteratura inglese, in particolare del genere teatrale elisabettiano (dal nome della regina Elisabetta I, 1558-1603), William Shakespeare nacque nel 1564. Ci sono stati alcuni dubbi occasionali sulla sua esistenza storica, che ora sembra provata, anche se alcuni periodi della sua vita rimangono misteriosi. Scrisse 37 opere teatrali, che generalmente rientrano in una delle quattro categorie: opere storiche come *Riccardo III*, commedie come *Sogno di una notte di mezza estate*, grandi tragedie come *Amleto* e, infine, le ultime opere, che comprendono quelle come *La tempesta*. Nel corso del 1600, la compagnia teatrale di questo attore e scrittore, considerata una delle migliori di Londra, divenne residente al Globe Theatre. William Shakespeare morì nel 1616.

ROMEO E GIULIETTA

LA STORIA D'AMORE CHE È DIVENTATA UN MITO

- **Genere:** opera teatrale (tragedia)
- **Edizione di riferimento**: Shakespeare, W. (2000) *Romeo e Giulietta*. New York: Penguin Classics.
- **1ª edizione**: 1594-1595
- **Temi:** odio, amore, destino, proibito, veleno

A metà strada tra la commedia e la tragedia, *Romeo e Giulietta* è la storia d'amore più famosa della storia della letteratura inglese. Scritta tra il 1594 e il 1595 e pubblicata per la prima volta nel 1597, questa commedia in cinque atti racconta il tragico destino di due giovani amanti le cui rispettive famiglie, i Capuleti e i Montecchi, si sono sempre odiate.

La struttura dell'opera è semplice e non ci sono sottotrame. La storia, distribuita in quattro giorni, si svolge durante il mese di luglio a Verona e Mantova, due città del nord Italia, all'inizio del 14° secolo.

SINTESI

ATTO I

Prologo

Il Coro introduce la tragica storia di due famiglie nobili di Verona.

Scena 1

Scoppia una lite tra i valletti delle due famiglie nemiche. Benvolio, nipote dei Montecchi e Tebaldo, nipote dei Capuleti, cercano di separarli, ma finiscono per combattersi a vicenda. Il principe di Verona, Escalus, interviene e li minaccia di morte se disturbano ancora una volta la pace della città. I due si separano, mentre Benvolio rimane a parlare con Montecchi e sua moglie dell'umore malinconico del loro figlio Romeo. Romeo entra e confessa a Benvolio la sua disperazione, causata dall'amore che prova per Rosalina, una giovane donna che ha fatto voto di castità.

Scena 2

Capuleti parla con Paride, un giovane signore che desidera sposare sua figlia Giulietta. Capuleti lo invita a una festa che terrà quella stessa sera, dove Paride avrà l'opportunità di corteggiare Giulietta. Inoltre, consegna al suo valletto una lista di invitati. Poiché il valletto è analfabeta, chiede l'aiuto di Romeo e Benvolio, che leggono la lista per lui. Il valletto li invita alla festa.

Scena 3

In casa dei Capuleti, Lady Capuleti, accompagnata dalla nutrice, chiede a Giulietta cosa pensa del matrimonio. Giulietta risponde che non ci pensa ancora. La madre le chiede di considerare la proposta di Paride.

Scena 4

Romeo, Benvolio e Mercuzio, indossando delle maschere, arrivano alla festa. Romeo ammette di aver fatto un sogno in cui la partecipazione alla festa portava alla catastrofe.

Scena 5

Capuleti accoglie i suoi ospiti. Romeo, sopraffatto dalla bellezza di Giulietta, dimentica immediatamente Rosalina. Tebaldo riconosce la voce di Romeo e vuole ucciderlo. Capuleti gli ordina di evitare uno scandalo. Tebaldo giura di vendicarsi. Romeo si avvicina a Giulietta, parlano e si baciano. Romeo apprende con disperazione che lei è una Capuleti. Sconvolto, lascia la festa. Anche Giulietta è angosciata nell'apprendere che Romeo è un Montecchi.

ATTO II

Prologo

Il Coro descrive l'amore nascente tra Romeo e Giulietta e come sia difficile per loro rivedersi, dato l'odio tra le loro famiglie.

Scena 1

Romeo scavalca il muro del giardino dei Capuleti. Benvolio e Mercuzio lo cercano, senza successo.

Scena 2

Giulietta si affaccia alla finestra e, ignara della presenza di Romeo, inizia a chiedere di lui. Con sua grande sorpresa, Romeo le risponde. I due si confessano reciprocamente il loro amore.

Scena 3

Romeo si reca da Frate Lorenzo e gli confessa di amare Giulietta e di volerla sposare. Laurence, vedendo in questo un mezzo per riconciliare le due famiglie, accetta di sposarli.

Scena 4

Romeo si incontra con Benvolio e Mercuzio e spiega la sua scomparsa del giorno prima. La nutrice appare e chiede di parlare con Romeo. Viene deciso che il matrimonio avrà luogo quello stesso pomeriggio.

Scena 5

In giardino, Giulietta attende con impazienza le notizie dalla nutrice. La nutrice arriva e le consiglia di confessarsi.

Scena 6

Giulietta si incontra con Romeo e Laurence. Il frate li sposa.

ATTO III

Scena 1

Scoppia una lotta tra i Montecchi e i Capuleti. Tebaldo provoca Romeo, ma Romeo si rifiuta di combattere. Mercuzio attacca Tebaldo e muore dopo essere stato pugnalato. Romeo vendica l'amico e uccide Tebaldo. Benvolio gli consiglia di fuggire per evitare la condanna a morte. Il principe arriva e bandisce Romeo da Verona.

Scena 2

Giulietta aspetta Romeo in giardino. La nutrice arriva e le racconta della morte di Tebaldo e dell'esilio del suo amato.

Scena 3

Frate Lorenzo annuncia a Romeo la sua sentenza. Romeo va a salutare Giulietta prima di lasciare Verona per Mantova, dove rimarrà fino a quando Frate Lorenzo non renderà noto il loro matrimonio.

Scena 4

Capuleti offre la mano della figlia a Paride e la data del matrimonio viene fissata per il giovedì successivo.

Scena 5

Poco prima dell'alba, Romeo sta per lasciare la camera da letto di Giulietta. La coppia si bacia e Romeo fugge dalla finestra; Lady Capuleti entra e annuncia il futuro matrimonio della figlia con Paride. Giulietta rifiuta. Saputo del rifiuto della figlia, Capuleti minaccia di disconoscerla. Giulietta chiede alla madre di avere pietà, ma la madre si rifiuta di aiutarla. Anche la nutrice le consiglia di sposare Paride. Tradita, Giulietta finge di accettare il suo destino e va a confessarsi da Frate Lorenzo.

ATTO IV

Scena 1

Laurence parla con Paride della sua imminente unione con Giulietta. Giulietta arriva e chiede consiglio al prete. Questi le dà una fiala contenente una pozione che la farà sembrare morta per 42 ore. Al suo risveglio, Romeo, avvertito da Laurence, la porterà con sé a Mantova.

Scena 2

Giulietta annuncia ai genitori che sposerà Paride. Viene deciso che il matrimonio si svolga prima del previsto, ovvero la mattina successiva.

Scena 3

Giulietta chiede di rimanere da sola nella sua stanza per la notte. Nonostante i suoi molti dubbi, beve la pozione.

Scena 4

Capuleti, che è rimasto sveglio tutta la notte per terminare i preparativi, manda la nutrice a svegliare Giulietta.

Scena 5

L'infermiera trova Giulietta distesa sul letto, senza vita. Tutti si lamentano della sua morte. Laurence li spinge a organizzare il suo funerale.

ATTO V

Scena 1

Per le strade di Mantova, Romeo incontra il suo paggio, Baldassarre, che gli comunica la morte dell'amata. Sconvolto, Romeo decide di passare la notte al suo fianco. Durante il tragitto, si ferma in uno speziale e compra del veleno.

Scena 2

Frate Laurence viene a sapere che Frate Giovanni, a cui aveva consegnato una lettera indirizzata a Romeo, in cui spiegava tutto, non può lasciare la città a causa di un'epidemia di peste. Laurence parte per salvare Giulietta.

Scena 3

Mentre sta mettendo dei fiori sulla tomba di Giulietta, Paride sente un rumore e si nasconde. Romeo arriva con Baldassarre, al quale affida una lettera indirizzata al padre. Romeo apre la tomba in cui giace Giulietta. Paride riconosce Romeo, che considera responsabile della morte di Giulietta, che sembrava inconsolabile fin dalla morte di Tebaldo. Cerca di fermarlo, ma Romeo lo uccide. Baciando Giulietta un'ultima volta, beve il veleno. Giulietta si sveglia e bacia Romeo, sperando che sulle sue labbra sia rimasto del veleno. Quando sente le guardie avvicinarsi, afferra il coltello di Romeo e si uccide. Le guardie arrestano Baldassarre e Frate Lorenzo. Arrivano i Capuleti, i Montecchi e il principe. Montecchi annuncia che la moglie è morta di tristezza la sera prima. Il principe interroga Frate Laurence, che racconta la tragica storia di Romeo e Giulietta. La lettera di Romeo al padre conferma la storia. Davanti ai corpi dei loro figli morti, Montecchi e Capuleti si riconciliano.

STUDIO DEL CARATTERE

ROMEO

Figlio unico di Montague e Lady Montague, Romeo ha meno di 20 anni. È un idealista e un giovane imprevedibile. Lunatico, il suo comportamento è a volte estremo, cosa che lo porterà alla rovina. A Verona è apprezzato e rispettato. Nonostante la sua famiglia sia in perenne conflitto con i Capuleti, la violenza non lo interessa. È interessato solo all'amore ed è innamorato soprattutto dell'idea dell'amore stesso. I suoi sentimenti maturano nel corso dell'opera. All'inizio è innamorato di Rosalina, ma la dimentica non appena posa lo sguardo su Giulietta, con la quale condividerà un'intensa passione che lo porterà alla morte. È anche un amico fedele che non esita a uccidere Tebaldo per vendicare la morte di Mercuzio.

GIULIETTA

Unica figlia di Capuleti e Lady Capuleti, Giulietta ha meno di 14 anni. Sebbene non conosca molto l'amore, si innamora immediatamente di Romeo, al quale dona la sua vita senza restrizioni. Ragazza docile e dolce, esce raramente di casa e trascorre molto tempo in giardino, simbolo della sua solitudine. La sua unica amica è la nutrice, che non esita a respingere quando si oppone a Romeo. Il carattere di Giulietta cresce in saggezza nel corso della storia. Da ragazza iperprotetta e ingenua, si trasforma in una giovane donna determinata e sicura di sé.

Mentre Romeo agisce d'impulso, Giulietta è più pragmatica: pensa alla situazione e al lato pratico delle cose.

MERCUZIO

Parente del principe, è un amico intimo di Romeo. Allegro e sfrontato, ama giocare con il linguaggio e il suo discorso è disseminato di giochi di parole. Non condivide la visione romantica di Romeo e cerca di convincerlo a considerare l'amore solo come uno sfogo sessuale. Ucciso da Tebaldo durante una rissa, è l'unico personaggio dell'opera che non pensa che la sua morte sia opera del destino. Quando muore, incolpa i Capuleti e i Montecchi della sua morte.

NUTRICE

Fungendo da madre surrogata di Giulietta, è molto loquace e spesso fa commenti divertenti, se non addirittura scandalosi. Confidente fidata, funge da intermediaria tra Romeo e Giulietta. La sua visione dell'amore è opposta a quella di Giulietta: mentre la giovane è un'idealista, la nutrice è più concreta e ritiene che qualsiasi giovane ricco e bello sia un buon pretendente.

FRATE LORENZO

Frate francescano, è un uomo moderato e ragionevole, che vede nell'unione di Romeo e Giulietta un'opportunità di riconciliazione tra le due famiglie nemiche e il ritorno della pace a Verona. È esperto di botanica e prepara per Giulietta una pozione che le darà l'aspetto della morte. Sebbene i suoi piani siano tutti frutto di buone intenzioni, essi causeranno comunque la morte dei due amanti.

TEBALDO

Nipote dei Capuleti e cugino di Giulietta, è l'incarnazione vivente dell'odio tra i Capuleti e i Montecchi. Violento e costantemente arrabbiato, viene infine ucciso da Romeo.

BENVOLIO

È un amico fedele di Romeo. Al contrario di Tebaldo, è una persona pacifica che cerca di evitare i conflitti.

MONTAGUE

Marito di Lady Montague e padre di Romeo, è il capo della famiglia Montague.

LADY MONTAGUE

Moglie di Montecchi e madre di Romeo, si preoccupa molto per il figlio e muore di tristezza quando questi viene bandito da Verona.

CAPULETI

Marito di Lady Capuleti e padre di Giulietta, è un uomo rispettato che si arrabbia facilmente. Padre amorevole, crede di avere a cuore gli interessi della figlia.

LADY CAPULETI

Moglie di Capuleti e madre di Giulietta, non ha cresciuto la figlia e non la conosce bene. È incompetente e si rivolge alla nutrice quando vuole parlare con la figlia.

PARIDE

Giovane signore, è, secondo Capuleti, il miglior marito che Giulietta possa avere. È un uomo rispettabile che corteggia Giulietta secondo le regole (la incontra in luoghi pubblici, chiede la sua mano al padre di lei, ecc.) Ma è anche un uomo insipido, che non presta molta attenzione a Giulietta, al punto da non conoscere il vero motivo della sua tristezza.

PRINCIPE ESCALUS

Principe di Verona, cerca di mantenere la pace in città e interviene quando scoppia una lotta.

FRATE GIOVANNI

Frate francescano, dovrebbe portare la lettera di Frate Lorenzo a Romeo, ma gli viene impedito di lasciare la città, causando la tragica fine di Romeo e Giulietta.

ROSALINA

È la giovane donna di cui Romeo è disperatamente innamorato all'inizio della storia. Non appare mai in scena.

ANALISI

TEATRO ELISABETTIANO

Questa nuova forma di teatro nacque in Inghilterra all'inizio del regno della regina Elisabetta I e rimase predominante dalla seconda metà del 16° secolo alla prima metà del 17° secolo.

A partire dal 1560, il teatro inglese ha subito una serie di cambiamenti. Prima di questa data, il teatro come luogo di rappresentazione non esisteva. Le opere, spesso religiose, venivano rappresentate nelle piazze delle città, nelle scuole, ecc. Fare l'attore non era una vera e propria professione.

- Vennero formate truppe di attori professionisti, nonostante le perplessità della Chiesa. Il primo drammaturgo inglese apparve nel 1580 e John Lyly, Christopher Marlowe e Thomas Kyd scrissero opere di un nuovo genere, scritte appositamente per i teatri professionali, il che rappresentò un cambiamento significativo. Nel 1567 fu creato il primo teatro inglese, il Red Lion. Ne seguirono altri, come il Globe (1596), dove si sarebbe esibita la compagnia di Shakespeare.

- È in questo contesto che Shakespeare arrivò a Londra e iniziò a scrivere. Purtroppo i puritani, ritenendo immorale l'attività teatrale, fecero chiudere più volte i teatri.

Per quanto riguarda l'architettura del teatro inglese il monumento, di forma circolare, era suddiviso in diversi spazi scenici:

- La corte interna, dove sedeva il pubblico, non aveva un tetto;

- Un palcoscenico rettangolare sporgeva in questa corte, avvicinando gli attori al pubblico;

- Su ogni lato del palcoscenico c'erano due spazi annessi, oltre a una balconata, dove si svolgevano le scene di secondaria importanza;

- Questi teatri pubblici potevano contenere fino a tremila spettatori.

- Le opere elisabettiane venivano rappresentate in un'unica soluzione, senza divisioni in scene (aggiunte dagli editori delle opere di Shakespeare nel 18° secolo). Così, mentre il IV atto di *Romeo e Giulietta*, diviso in cinque brevi scene, può sembrare lungo allo spettatore moderno, nel teatro elisabettiano si svolgeva più rapidamente.

- C'erano anche poche scenografie ed effetti di luce; per questo i personaggi dichiarano spesso dove stanno andando ("Così andrò alla cella del mio fantomatico padre", II, 2) e a che ora è il giorno ("Buon giorno, cugino […] ma sono le nove", I, 1).

Questo tipo di produzione, semplice ed efficiente, ha permesso una forma di intimità tra gli attori e il pubblico, che era parte integrante dello spettacolo.

AMORE E ODIO

Questi sono i due temi principali dell'opera. Questi sentimenti passionali, a causa della loro natura estrema, sono molto violenti e portano alla morte di molti protagonisti.

- L'odio è costante. Non sappiamo perché i Capuleti e i Montecchi si odino. Sappiamo che appartengono a due famiglie "simili per dignità" (prologo); lo spettatore non è portato a schierarsi. L'odio si manifesta tra tutte le classi sociali: i servi, i giovani e i loro padroni. È a causa di questo odio che l'amore tra Romeo e Giulietta è impossibile. Né lo Stato (il principe Escalus), né la religione (Frate Laurence) riescono a porvi fine. Sarà la morte di Romeo e Giulietta e la vergogna che i loro padri provano per questa ridicola contesa tra loro, che ha portato alla morte dei loro figli, a riconciliarli.

- L'amore è violento. È una forza potente che supera tutti gli altri valori ed emozioni presenti nell'opera. Romeo e Giulietta sono pronti a rinnegare le loro famiglie (Romeo: "Chiamami solo amore, e sarò battezzato di nuovo;/D'ora in poi non sarò mai Romeo" II, 2) e i loro amici (Giulietta, tradita dalla nutrice: "Va', consigliere;/Tu e il mio petto d'ora in poi sarete due" IV, 5) e persino l'autorità che li governa (Romeo va a trovare Giulietta nonostante sia stato bandito da Verona) in nome del loro amore. L'amore non è un sentimento delicato in *Romeo e Giulietta*. *Romeo e Giulietta* non è un romanzo romantico: l'amore è un sentimento brutale e potente, l'antitesi della poesia romantica che Romeo legge all'inizio del romanzo quando è ancora innamorato di Rosalina. Pertanto, l'amore che nasce tra Romeo e Giulietta è direttamente collegato alla violenza. Quando i due amanti si incontrano durante una festa organizzata da Capuleti, Tebaldo nota la presenza di Romeo e giura di ucciderlo (I, 5).

È importante notare che l'opera si conclude con la riconciliazione delle due famiglie, che significa il trionfo dell'amore, e non con la fine di Romeo e Giulietta, che avrebbe significato il trionfo dell'odio. L'amore è qui un concetto generale e universale, che esiste indipendentemente dai sentimenti che due singole persone provano l'una per l'altra.

IL DESTINO

Il fato e il destino sono molto presenti in *Romeo e Giulietta*: controllano il futuro dei personaggi.

Nel prologo, il coro annuncia che il loro amore è "segnato dalla morte" e che gli innamorati sono "incrociati dalle stelle". Così, lo spettatore sa fin dall'inizio dell'opera che gli amanti sono condannati. Questo finale tragico viene menzionato più volte nell'opera e i protagonisti ne sono consapevoli:

- Prima di recarsi alla festa dove incontrerà Giulietta, Romeo dice: "Temo che sia troppo presto, perché la mia mente pensa che qualche conseguenza ancora sospesa nelle stelle inizierà amaramente la sua temibile data con i divertimenti di questa notte e scadrà il termine di una vita disprezzata chiusa nel mio petto da qualche vile perdita di morte prematura" (I, 5);

- Prima ancora di conoscere l'identità di Romeo, Giulietta afferma che: "Se è sposato/la mia tomba è come se fosse il mio letto nuziale" (I, 5).

Tuttavia, nel corso della storia, Romeo e Giulietta cercano, senza successo, di incrociare i loro destini:

- Quando viene a sapere della presunta morte di Giulietta, Romeo esclama: "Allora vi sfido, stelle!". (V, 1), e cerca di opporsi al suo suicidio comprando del veleno. Purtroppo, sarà proprio questo atto a spingerlo al suicidio;

- Romeo si accorge più volte di non poter lasciare la strada tracciata dal suo destino. Quando ha appena ucciso Tebaldo, esclama: "Oh, io sono lo sciocco della fortuna!". (III, 1).

Il destino si manifesta attraverso una serie di coincidenze e sfortunati incidenti, e pone ostacoli sulla strada degli amanti:

- Nonostante l'elaborato piano di Frate Lorenzo, Frate Giovanni non riesce a consegnare a Romeo la lettera contenente una spiegazione: "Infelice sorte! per la mia fratellanza,/La lettera non era bella, ma piena di carica/Di cara importanza, e il trascurarla/Può fare molto pericolo" (V, 2);

- Giulietta si sveglia nell'esatto momento in cui il veleno si impossessa di Romeo: "O Frate comodo! Dov'è il mio signore? Ricordo bene dove dovrei essere,/ed eccomi lì. Dov'è il mio Romeo?" (V, 3).

Questo concetto di destino viene utilizzato molto spesso nelle tragedie medievali. Nelle opere successive di Shakespeare, la rovina e la morte dei protagonisti non sono più imputate al destino, ma sono i personaggi stessi, con le loro azioni e scelte, a provocare la propria caduta. È questo il caso di *Re Lear* e *Otello*.

ULTERIORI RIFLESSIONI

ALCUNE DOMANDE SU CUI RIFLETTERE....

- Nell'opera, il giardino ha un ruolo simbolico molto forte. Pensate ad altri giardini famosi e spiegate il loro posto nelle storie in cui sono citati.

- Jean-Paul Sartre (scrittore e filosofo francese, 1905-1980) affermava che: "L'inferno sono gli altri". Commentate questa citazione in riferimento a *Romeo e Giulietta*.

- Romeo e Giulietta sono personaggi universalmente famosi. Trovate esempi di altre coppie famose nella letteratura, nel cinema e nel teatro e confrontatele con gli amanti di Verona.

- Dice Frate Laurence, a proposito delle piante e delle erbe che coltiva:

  "Oh, piccola è la grazia potente che risiede nelle erbe, nelle piante, nelle pietre e nelle loro vere qualità:/Perché nulla di così vile che sulla terra viva/che alla terra dia un qualche bene speciale,/né nulla di così buono che non sia stato strappato da quell'uso giusto/che si sia ribellato dalla vera nascita, inciampando nell'abuso:/La virtù stessa si trasforma in vizio, essendo applicata in modo errato;/e il vizio a volte con l'azione è dignitoso" (II, 3).

  Come si verificano nel dramma queste parole pronunciate da Frate Laurence?

- La storia narrata nell'opera si svolge nell'arco di quattro giorni e le indicazioni temporali sono molto precise (Giulietta e Paride si sposeranno di giovedì, Giulietta

- manda la nutrice a parlare con Romeo alle nove, ecc.) Secondo lei, che effetto produce questa gestione del tempo?

- Nella prima scena di *Romeo e Giulietta*, Sansone, un paggio dei Montecchi, si morde il pollice davanti ai Capuleti come provocazione. Cosa rappresenta questo atto e cosa ci dice del conflitto tra le due famiglie?

- "O Romeo, Romeo! Perché sei Romeo? Rinnega tuo padre e rifiuta il tuo nome; o, se non vuoi, giurami amore, e non sarò più una Capuleti" (II, 2). Che cosa dimostra questa citazione sull'individualità di Romeo e Giulietta di fronte all'identità familiare dei due clan?

- Qual è la natura dei rapporti tra Romeo e Giulietta e i loro genitori? Ci sono prove di un conflitto generazionale?

- Julie-Anne Roth, attrice che ha interpretato il ruolo di Giulietta nello spettacolo diretto da Stuart Seide, afferma: "Ho spesso avuto l'impressione che Romeo e Giulietta siano stati spinti verso la sdolcinatezza. Sono sicura che questi due amanti non hanno nulla a che vedere con due piccioncini in tonalità di rosa". Commenta questa citazione.

- *Sogno di una notte di mezza estate*, un'altra opera di Shakespeare, mette spesso in contrasto il giorno e la notte, un aspetto molto presente anche in *Romeo e Giulietta*. Come si possono paragonare le disavventure dei giovani protagonisti di quell'opera a quelle di Romeo e Giulietta?

- Confrontate *Romeo e Giulietta* con altre opere di Shakespeare (*Re Lear, Otello, Macbeth*, ecc.) in termini di significato e ruolo del destino.

ULTERIORI LETTURE

EDIZIONE DI RIFERIMENTO

Shakespeare, W. (2000) *Romeo e Giulietta*. New York: Penguin Classics.

STUDI DI RIFERIMENTO

Morris, H. (1970) *Romeo e Giulietta* (Shakespeare). Oxford: Basil Blackwell.

SparkNotes Editori (2007) *SparkNotes su* Romeo e Giulietta. [Online]. SparkNotes LLC. [Accessed 27 September 2016]. Disponibile da: < http://www.sparknotes.com/shakespeare/romeojuliet/>

ADATTAMENTI

Esistono circa venti adattamenti e variazioni cinematografiche dell'opera di Shakespeare.

Romeo + Giulietta (1996) [Film]. Baz Luhrmann. USA: Bazmark Films.

Un altro film interessante da vedere è *Shakespeare in Love* che, mescolando la vita di Shakespeare e la storia di *Romeo e Giulietta*, fornisce informazioni sull'autore e sull'epoca in cui è vissuto: *Shakespeare in Love*. (1998) [Film]. John Madden. USA: Universal Pictures.

Vogliamo sapere da voi!
Lasciate un commento sulla vostra biblioteca online
e condividete i vostri libri preferiti sui social media!

MUST READ

Perché scegliere Must Read?

Scoprite tutto quello che c'è da sapere su un libro, con i nostri riassunti e le nostre analisi concise e approfondite!

Scoprite il meglio della letteratura sotto una luce completamente nuova!

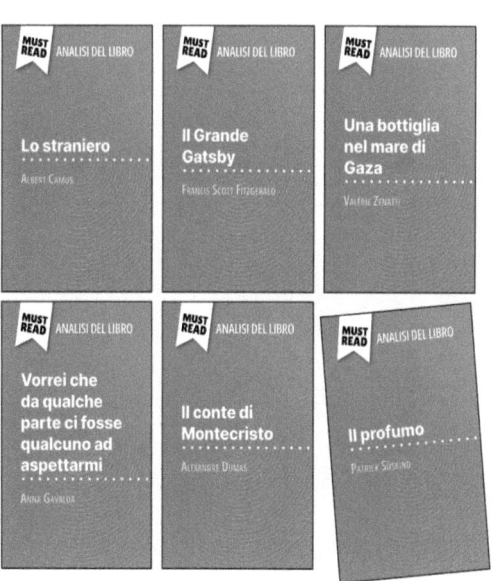

MUST READ ANALISI DEL LIBRO

Lo straniero

ALBERT CAMUS

MUST READ ANALISI DEL LIBRO

Il Grande Gatsby

FRANCIS SCOTT FITZGERALD

MUST READ ANALISI DEL LIBRO

Una bottiglia nel mare di Gaza

VALÉRIE ZENATTI

MUST READ ANALISI DEL LIBRO

Vorrei che da qualche parte ci fosse qualcuno ad aspettarmi

ANNA GAVALDA

MUST READ ANALISI DEL LIBRO

Il conte di Montecristo

ALEXANDRE DUMAS

MUST READ ANALISI DEL LIBRO

Il profumo

PATRICK SÜSKIND

www.50minutes.com

Sebbene l'editore faccia ogni sforzo per verificare l'accuratezza delle informazioni pubblicate, 50minutes.com non si assume alcuna responsabilità per il contenuto di questo libro.

www.50minutes.com

Master ISBN: 9782808690140
ISBN cartaceo: 9782808611541
Deposito legale: D/2023/12603/1434

Copertura: © Primento

Concezione digitale a cura di Primento, il partner digitale degli editori.